FÊTE
DE LA JEUNESSE,
AN VII.

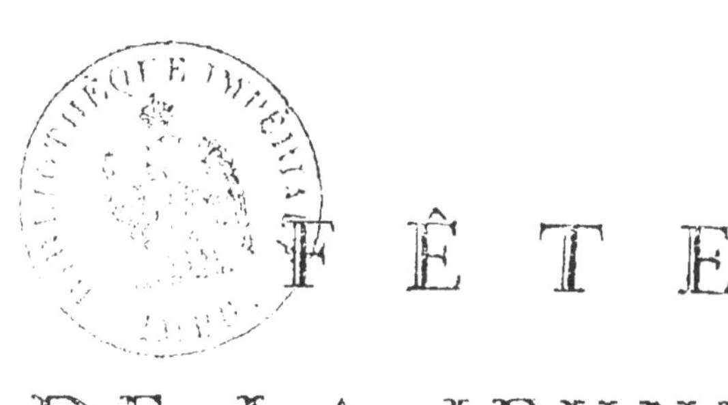

Extrait du Régistre des Délibérations de l'Administration Municipale du huitième Arrondissement du Canton de Paris, Département de la Seine, du 12 Germinal an VII.

L'ADMINISTRATION MUNICIPALE, ouï le Commissaire du Directoire exécutif, arrête : Que le Discours prononcé par le Citoyen *Bénard*, son Président, le 10 Germinal an VII, à l'occasion de la fête de la Jeunesse, sera imprimé au nombre de 300 exemplaires.

Pour extrait,

Signé PILLAS, *Secrétaire en chef.*

DISCOURS

Prononcé par le Citoyen BÉNARD,
Président de l'Administration Muni-
cipale du huitième Arrondissement.

DISCOURS

Prononcé par le Citoyen BÉNARD, *Président de l'Administration Municipale du huitième Arrondissement, le* 10 *Germinal an* 7, *jour de la* Fête DE LA JEUNESSE.

CITOYENS,

CÉLÉBRER la Fête de la Jeunesse, c'est être le précurseur de nouveaux amans de la République, c'est annoncer que l'avenir ne sera pas moins fécond en Législateurs profonds , en Artistes célèbres , en Héros accomplis , en hommes purs, en tendres époux, en bons pères, en excellens amis, en citoyens vertueux.

La Jeunesse renferme tous ces germes : l'éducation les fera éclore, l'amour de la Patrie les échauffera, l'intérêt public les mûrira, la moralité les soutiendra ; le temps , ce directeur de toutes choses, les perfectionnera.

Déjà, sans attendre cet âge heureux où la Jeunesse peut agir sans conseils , sans appui, combien de traits généreux, d'actions héroïques, d'exemples de vertus filiales ont frappé les oreilles, ou se sont offerts aux yeux du Public ?

Là, c'est un enfant chéri travaillant au-delà de ses forces, et qui remet le fruit de ses sueurs à un père qu'il adore.

Là, c'en est un autre, âgé de huit ans, qui, vendant son plus bel ornement, sa chevelure, vient en déposer le produit sur la couche humectée des larmes d'une mère indigente et paralytique , qui expire de tressaillement , de douleur et de joie.

Un autre, âgé de douze ans, s'élance dans la mer, et parvient à sauver deux enfans de son âge qui étoient venus pour se baigner, et que les flots emportoient.

Un jeune Tambour voit un Volontaire tomber dans le même élément ; malgré le froid excessif il se précipite dans les flots, plonge, trouve, saisit le noyé, nage d'une main et le fait entrer dans une barque.

Mille autres exemples, tous dignes de foi, tous puisés dans la nature, aiguillonnés par les circonstances, honorent la Jeunesse.

Jeunes Citoyens, que d'idées charmantes votre heureux âge ne présente-t-il pas ?

Vous êtes le tableau parlant de l'innocence et de l'aurore de la vie : vous êtes l'image fidèle de la fleur printannière ; le soleil de la liberté l'éclaire, l'échauffe et la développe ; le germe de tous les fruits est dans votre cœur.

Pour plusieurs d'entre vous, quel honneur que celui d'être armés, pour la première fois, par les mains des Magistrats du Peuple !

Vous que l'âge de seize ans vient de tirer du chaos de l'enfance, vous qui allez être associés aux Citoyens armés pour la garde et la tranquillité de cette vaste cité, ne sentez-vous pas votre ame s'épanouir à l'annonce du premier titre qui vient de vous être acquis, celui d'être enfin l'une des sentinelles de la Patrie ?

Pour d'autres, un nouveau titre est aujour-d'hui plus honorable. Déjà depuis long-temps ils exerçoient ce droit sacré, celui d'être constitués Militaires, mais il leur manquoit celui de Citoyen.

Vingt-un ans ont sonné, le régistre civique s'est ouvert pour eux.

Ils sont enfin admis à l'honneur de faire nombre dans nos Assemblées primaires, à l'honneur d'émettre librement leur opinion, à celui de voter, de concourir enfin au choix de ceux qui, par leurs lumières, leurs talens et leurs vertus, peuvent consolider l'édifice de notre République.

Jamais, pour l'éducation de la Jeunesse, aucune Nation ne fit plus d'efforts que la nôtre : son nouveau système à consolider, présente des détails immenses ; malgré son défaut de perfection, ses résultats en seroient infiniment plus heureux, s'il n'y avoit pas à lutter sans cesse contre les préjugés, l'opposition et la routine.

Jeunes Citoyens, vous dont la majeure partie ignore ce qu'il en a coûté de peines, de malheurs et de sang pour supporter les orages de notre révolution, vous à qui seuls il est réservé de recueillir les premiers fruits d'un nouvel ordre de choses, tremblez de ne pas suivre les sentiers qui vous sont tracés, craignez de vous laisser aller à des insinuations perfides. En devenant hommes, ayez un caractère indépendant , et que vos opinions soient votre propriété.

Il sera de votre honneur de maintenir une République créée pour vous, une République qui vous offre l'entrée à toutes les dignités civiles et militaires , une République enfin qui, pour vous rendre un jour l'égal des plus grands hommes ou des héros les plus célèbres, n'exige de vous que des talens et des vertus.

Egalité de talens, égalité de vertus, voilà toute l'énigme, ou plutôt le développement du principe d'égalité, de ce principe sacré à la faveur duquel des perfides ou des ignorans ont cherché à baser une loi agraire, un système de partage forcé, un système de pillage enfin , qui les a fait gorger momentanément de tout pour n'en être que plus malheureux après.

Vous dont je célèbre aujourd'hui la Fête, oh ! combien l'histoire de notre révolution aura pour vous d'intérêt un jour! chaque feuillet vous offrira des siècles par la multiplicité des évènemens qui s'y rencontreront.

Au nombre des Législateurs, au nombre des Fonctionnaires publics de tous les genres, vous y reconnoîtrez des parens qui, d'après ce principe d'égalité , auront été promus à ces places ho-norables.

Au nombre des Généraux, des Héros mêmes dont les noms et les actions passeront à la postérité, Vous y reconnoîtrez encore des parens qui, sans noblesse comme sans fortune, mais par ce seul principe d'égalité en vertus et en talens, auront de grade en grade mérité d'être admis à l'honneur de combattre, de vaincre et de mourir pour la défense de la Patrie.

Jeunes Citoyens, au sortir de l'enfance, des Écoles primaires vous sont ouvertes. Arrivés à l'âge de conception et d'intelligence, les Écoles centrales sont disposées à vous recevoir. Suivant vos goûts, vos penchans, et pour vous fixer définitivement, une École politechnique, une École de ponts et chaussées, des Écoles de génie, de dessin, de peinture et d'architecture attendent votre admission. Il ne faut encore ni naissance ni fortune pour participer à tant de bienfaits, la République ne vous demande que des talens et des vertus.

La nature secondée par de sages conseils vous promet d'heureuses destinées ; mais sachez profiter et de l'une et des autres. Que votre goût pour l'étude aille toujours croissant, que l'espoir du succès dans les arts échauffe votre imagination, que la simplicité dans vos mœurs, la régularité dans votre conduite, vous gagnent tous les cœurs, que votre amour pour le travail réponde aux soins de vos Instituteurs, aux avis de vos parens, aux conseils de vos amis, que la tempérance fasse de vous des hommes, et la modestie des hommes à rechercher.

Mais, jeunes Citoyens, il ne suffit pas de vous faire seuls participer à la solemnité de cette fête auguste. La Nation, pour des espérances, ne vous doit encore qu'en perspective, des preuves de sa reconnoissance.

La Jeunesse absente, cet essaim de guerriers qui vient de prendre son essor pour aller combattre de nouvelles puissances coalisées, cette Jeunesse intrépide que le mot de conscription n'a point effarouchée, qui n'a point eu recours à la fuite, à la séduction, aux souterreins pour s'y soustraire, ceux là, dis-je, ont d'avance bien mérité de la patrie, et doivent, pour ainsi dire, occuper en effigie une des premières places dans cette fête.

Jeunes Héros, Guerriers invincibles, réserve sacrée et perpétuelle, ils n'avoient pas compté sur vous, ces féroces ennemis qui n'ont d'audace que par le grand nombre, de courage que par de quadruples alliances, et cependant, Turin, Naples, Coire, qu'êtes-vous devenus depuis le commencement de cette campagne ?

A peine les drapeaux tricolors se sont-ils déployés sur nos conscrits, pour la première fois, que déjà ils en ont fait des enseignes de gloire.

Loin de moi, loin de nous toute idée, tout souvenir sur ceux qui, partis sans courage, désertent sans honneur. Égoïstes et lâches par caractère, ils ont refusé de participer aux triomphes de la République, ils ont trompé leurs destinées, abjuré le nom de Français, ils ont trahi leurs devoirs, leurs sermens, et déshérité leur famille et eux-mêmes de la part de gloire qu'ils avoient droit d'espérer.

Dans ce Temple déjà auguste, dans ce Temple destiné à acquérir chaque jour un intérêt majeur,.... ici, sur un monument d'honneur exposé aux rayons du soleil, seront inscrits les noms de tous les braves dont l'ardeur guerrière a devancé ou suivi l'appel que la mère-patrie faisoit à leur courage.

Là, dans un coin ténébreux, à la lueur d'une lampe sépulchrale, à un poteau d'infamie, seront attachés les noms de tous les lâches.

Mais jetons un voile épais sur ces rares exceptions : vous ne ressemblerez point à ces derniers, vous, brillante Jeunesse, nouvel espoir de la patrie ; ceux qui vous ont donné le jour, instruits à l'école de l'expérience, veulent avoir des héritiers pleins d'honneur.

Ceux qui prennent soin de vôtre éducation, nous ont donné trop de témoignages de leur soumission aux loix, trop de preuves de leur dévouement à la chose publique, pour ne pas espérer trouver un jour dans vos sentimens, dans votre conduite, dans votre réputation, la plus honorable de toutes les récompenses, la reconnoissance nationale.

Jeunes Citoyens, dans une République, tout Citoyen est soldat, et l'honneur de la défendre doit primer tout autre sentiment. Qui de vous peut dire qu'il n'a pas un parent, un ami sous les drapeaux de nos armées triomphantes?... qui de vous, en lisant les détails d'une bataille, n'est pas ému au récit des exploits de tel ou tel guerrier? qui de vous pourroit ne pas désirer reconnoître dans les noms de ces guerriers, ceux de ces mêmes parens, ceux de ces mêmes amis?

Notre Patrie ne sera pas toujours guerroyante; tout annonce une paix prochaine. Si à travers les nuages légers que présente une coalition nouvelle, mais déjà vaincue par l'opinion, le génie, les arts, les sciences marchent de progrès en progrès, quels avantages ne devons-nous pas attendre de cette paix dont nous jouirons les premiers; de cette paix et de nos efforts en tous genres, qui ne sont qu'ajournés, et qui n'attendent que le chant du retour pour répandre l'abondance et le bonheur ?.

Jeunes Citoyens, vous que je salue au nom du Peuple qui vous contemple, Jeunesse que je célèbre en son nom : pépinière d'hommes vertueux, de défenseurs et de héros ; que la gaîté qui vous est naturelle préside à vos travaux, embellisse vos jeux.

Que l'heure qui pour vous sonnera vingt ans, vous avertisse que vous ne vous appartenez plus : que cette heure sacrée pénètre votre âme de tous les sentimens d'honneur; que vos yeux, vos oreilles soient autant de sentinelles : et si à cette même heure la patrie vous appelle pour voler à sa défense.... qu'un seul adieu soit l'acquit de vos devoirs, et partez.

Vous partirez sans contrainte et sans second appel, vous qui aurez été élevés à l'école de tant d'exemples de vertus et d'exploits héroïques. Déjà vous partagez sans doute l'indignation générale, contre le plus perfide des ennemis..... l'Angleterre. Que, chaque heure du jour, les atrocités de son Gouvernement vous soient démontrées; que son nom seul, en permanence devant vos yeux, constitue dans votre cœur contre lui la haîne et la vengeance nationale, qu'il vous soit présenté dans tout son jour comme le seul obstacle à la paix du continent!

Alors vous acquérerez cet esprit national qui fait la force des Républiques : alors vous sentirez cette électricité, ce feu sacré qui doit nous porter tous vers le but commun, celui de la paix, avec tous ceux qui savent respecter les Droits de l'homme... celui de la guerre contre ceux qui prétendent y porter atteinte.

Qu'un cri unanime sorte donc de votre bouche : *Guerre au Gouvernement anglais ! Vive la République !*

De l'Imprimerie à PRIX-FIXE de D. DUPRÉ, rue des Coutures-Gervais, n°. 446.